_____

_____

_____

_____

_____

_____

_____

Recipe : _____

Serves : _____ Cooking time : _____

Ingredient :

1 _____ 6 _____

2 _____ 7 _____

3 _____ 8 _____

4 _____ 9 _____

5 _____ 10 _____

Method :

1 _____

_____

2 _____

_____

3 _____

_____

4 _____

_____

5 _____

_____

6 _____

Note :

Recipe : ....

Serves : _____ Cooking time : _____

Ingredient : 🍓 🍄 🥦 🥬

① _____ ⑥ _____

② _____ ⑦ _____

③ _____ ⑧ _____

④ _____ ⑨ _____

⑤ _____ ⑩ _____

Method :

① _____

_____

② _____

_____

③ _____

_____

④ _____

_____

⑤ _____

_____

⑥ _____

Note :

Recipe : _____

Serves : _____ Cooking time : _____

Ingredient : 🍓 🍄 🥦 🥬

① ——————————————— ⑥ ———————————————
② ——————————————— ⑦ ———————————————
③ ——————————————— ⑧ ———————————————
④ ——————————————— ⑨ ———————————————
⑤ ——————————————— ⑩ ———————————————

Method :

① ————————————————————————————————
————————————————————————————————————

② ————————————————————————————————
————————————————————————————————————

③ ————————————————————————————————
————————————————————————————————————

④ ————————————————————————————————
————————————————————————————————————

⑤ ————————————————————————————————
————————————————————————————————————

⑥ ————————————————————————————————

Note :

Recipe : _____

Serves : _____ Cooking time : _____

Ingredient : 🍓 🍄 🥦 🥬

1 _____   6 _____

2 _____   7 _____

3 _____   8 _____

4 _____   9 _____

5 _____   10 _____

Method :

1 _____

_____

2 _____

_____

3 _____

_____

4 _____

_____

5 _____

_____

6 _____

Note :

Recipe : _____

Serves : _____ Cooking time : _____

Ingredient : 🍓 🍄 🥦 🥬

① _____ ⑥ _____

② _____ ⑦ _____

③ _____ ⑧ _____

④ _____ ⑨ _____

⑤ _____ ⑩ _____

Method :

① _____

_____

② _____

_____

③ _____

_____

④ _____

_____

⑤ _____

_____

⑥ _____

Note :

Recipe : _____

Serves : _____ Cooking time : _____

Ingredient :

1 _____ 6 _____

2 _____ 7 _____

3 _____ 8 _____

4 _____ 9 _____

5 _____ 10 _____

Method :

1 _____

_____

2 _____

_____

3 _____

_____

4 _____

_____

5 _____

_____

6 _____

Note :

Recipe : ....

Serves : _____ Cooking time : _____

Ingredient :

1 ———————————————— 6 ————————————————

2 ———————————————— 7 ————————————————

3 ———————————————— 8 ————————————————

4 ———————————————— 9 ————————————————

5 ———————————————— 10 ————————————————

Method :

1 ————————————————————————————————

————————————————————————————————————

2 ————————————————————————————————

————————————————————————————————————

3 ————————————————————————————————

————————————————————————————————————

4 ————————————————————————————————

————————————————————————————————————

5 ————————————————————————————————

————————————————————————————————————

6 ————————————————————————————————

Note :

Recipe : _____

Serves : _____ Cooking time : _____

Ingredient : 🍓 🍄 🥦 🥬

① _____ ⑥ _____

② _____ ⑦ _____

③ _____ ⑧ _____

④ _____ ⑨ _____

⑤ _____ ⑩ _____

Method :

① _____

_____

② _____

_____

③ _____

_____

④ _____

_____

⑤ _____

_____

⑥ _____

Note :

Recipe : ....

Serves : _____ Cooking time : _____

Ingredient : 🍓 🍄 🥦 🥬

① _____ ⑥ _____

② _____ ⑦ _____

③ _____ ⑧ _____

④ _____ ⑨ _____

⑤ _____ ⑩ _____

Method :

① _____

_____

② _____

_____

③ _____

_____

④ _____

_____

⑤ _____

_____

⑥ _____

Note :

Recipe : ....

Serves : _____ Cooking time : _____

Ingredient :

(1) ——————————————————— (6) ————————————————————

(2) ——————————————————— (7) ————————————————————

(3) ——————————————————— (8) ————————————————————

(4) ——————————————————— (9) ————————————————————

(5) ——————————————————— (10) ————————————————————

Method :

(1) ——

——

(2) ——

——

(3) ——

——

(4) ——

——

(5) ——

——

(6) ——

Note :

Recipe : _____

Serves : _____ Cooking time : _____

Ingredient :

(1) _____ (6) _____

(2) _____ (7) _____

(3) _____ (8) _____

(4) _____ (9) _____

(5) _____ (10) _____

Method :

(1) _____

_____

(2) _____

_____

(3) _____

_____

(4) _____

_____

(5) _____

_____

(6) _____

Note :

Recipe : _____

Serves : _____ Cooking time : _____

Ingredient : 🍓 🍄 🥦 🥬

① _____ ⑥ _____

② _____ ⑦ _____

③ _____ ⑧ _____

④ _____ ⑨ _____

⑤ _____ ⑩ _____

Method :

① _____
_____

② _____
_____

③ _____
_____

④ _____
_____

⑤ _____
_____

⑥ _____

Note :

Recipe : ....

Serves : .... Cooking time : ....

Ingredient : 🍓 🍄 🥦 🥬

① —————————————— ⑥ ——————————————

② —————————————— ⑦ ——————————————

③ —————————————— ⑧ ——————————————

④ —————————————— ⑨ ——————————————

⑤ —————————————— ⑩ ——————————————

Method :

① ——————————————————————————————

——————————————————————————————————

② ——————————————————————————————

——————————————————————————————————

③ ——————————————————————————————

——————————————————————————————————

④ ——————————————————————————————

——————————————————————————————————

⑤ ——————————————————————————————

——————————————————————————————————

⑥ ——————————————————————————————

Note :

Recipe : _____

Serves : _____ Cooking time : _____

Ingredient : 🍓 🍄 🥦 🥬

① _____		⑥ _____	
② _____		⑦ _____	
③ _____		⑧ _____	
④ _____		⑨ _____	
⑤ _____		⑩ _____	

Method :

① _____

_____

② _____

_____

③ _____

_____

④ _____

_____

⑤ _____

_____

⑥ _____

Note :

Recipe : _____

Serves : _____ Cooking time : _____

Ingredient :

1 ——————————————   6 ——————————————
2 ——————————————   7 ——————————————
3 ——————————————   8 ——————————————
4 ——————————————   9 ——————————————
5 ——————————————   10 ——————————————

Method :

1 ——————————————————————————————

——————————————————————————————————

2 ——————————————————————————————

——————————————————————————————————

3 ——————————————————————————————

——————————————————————————————————

4 ——————————————————————————————

——————————————————————————————————

5 ——————————————————————————————

——————————————————————————————————

6 ——————————————————————————————

Note :

Recipe : _____

Serves : _____ Cooking time : _____

Ingredient :

① ———————————————— ⑥ ————————————————
② ———————————————— ⑦ ————————————————
③ ———————————————— ⑧ ————————————————
④ ———————————————— ⑨ ————————————————
⑤ ———————————————— ⑩ ————————————————

Method :

① ————————————————————————————————

_____

② ————————————————————————————————

_____

③ ————————————————————————————————

_____

④ ————————————————————————————————

_____

⑤ ————————————————————————————————

_____

⑥ ————————————————————————————————

Note :

Recipe : _____

Serves : _____ Cooking time : _____

Ingredient :

① _____ ⑥ _____
② _____ ⑦ _____
③ _____ ⑧ _____
④ _____ ⑨ _____
⑤ _____ ⑩ _____

Method :

① _____
_____

② _____
_____

③ _____
_____

④ _____
_____

⑤ _____
_____

⑥ _____

Note :

Recipe : _____

Serves : _____ Cooking time : _____

Ingredient : 🍓 🍄 🥦 🥬

(1) _____ (6) _____

(2) _____ (7) _____

(3) _____ (8) _____

(4) _____ (9) _____

(5) _____ (10) _____

Method :

(1) _____

_____

(2) _____

_____

(3) _____

_____

(4) _____

_____

(5) _____

_____

(6) _____

Note :
_____
_____
_____
_____
_____
_____
_____
_____
_____
_____

Recipe : _____

Serves : _____ Cooking time : _____

Ingredient :

1 _____ 6 _____

2 _____ 7 _____

3 _____ 8 _____

4 _____ 9 _____

5 _____ 10 _____

Method :

1 _____
_____

2 _____
_____

3 _____
_____

4 _____
_____

5 _____
_____

6 _____

Note :

Recipe : _____

Serves : _____ Cooking time : _____

Ingredient :

1 _____ 6 _____

2 _____ 7 _____

3 _____ 8 _____

4 _____ 9 _____

5 _____ 10 _____

Method :

1 _____

_____

2 _____

_____

3 _____

_____

4 _____

_____

5 _____

_____

6 _____

Note :

Recipe : ....

Serves : _____ Cooking time : _____

Ingredient :

1	_____	6	_____
2	_____	7	_____
3	_____	8	_____
4	_____	9	_____
5	_____	10	_____

Method :

1 _____

....

2 _____

....

3 _____

....

4 _____

....

5 _____

....

6 _____

Note :

Recipe : ....

Serves : _____ Cooking time : _____

Ingredient :

1 —————————————— 6 ——————————————————
2 —————————————— 7 ——————————————————
3 —————————————— 8 ——————————————————
4 —————————————— 9 ——————————————————
5 —————————————— 10 ——————————————————

Method :

1 ——————————————————————————————————————

——

2 ——————————————————————————————————————

——

3 ——————————————————————————————————————

——

4 ——————————————————————————————————————

——

5 ——————————————————————————————————————

——

6 ——————————————————————————————————————

Note :

Recipe : ....

Serves : _____ Cooking time : _____

Ingredient :

1 ──────────────────── 6 ────────────────────

2 ──────────────────── 7 ────────────────────

3 ──────────────────── 8 ────────────────────

4 ──────────────────── 9 ────────────────────

5 ──────────────────── 10 ───────────────────

Method :

1 ──

──

2 ──

──

3 ──

──

4 ──

──

5 ──

──

6 ──

Note :

Recipe : _____

Serves : _____ Cooking time : _____

Ingredient :

1	_____	6	_____
2	_____	7	_____
3	_____	8	_____
4	_____	9	_____
5	_____	10	_____

Method :

1 _____

_____

2 _____

_____

3 _____

_____

4 _____

_____

5 _____

_____

6 _____

Note :

Recipe : ....

Serves : _____ Cooking time : _____

Ingredient : 🍓 🍄 🥦 🥬

① ——————————————— ⑥ ———————————————
② ——————————————— ⑦ ———————————————
③ ——————————————— ⑧ ———————————————
④ ——————————————— ⑨ ———————————————
⑤ ——————————————— ⑩ ———————————————

Method :

① ————————————————————————————————
————————————————————————————————————
② ————————————————————————————————
————————————————————————————————————
③ ————————————————————————————————
————————————————————————————————————
④ ————————————————————————————————
————————————————————————————————————
⑤ ————————————————————————————————
————————————————————————————————————
⑥ ————————————————————————————————

Note :

Recipe : _____

Serves : _____ Cooking time : _____

Ingredient :

1 _____   6 _____
2 _____   7 _____
3 _____   8 _____
4 _____   9 _____
5 _____   10 _____

Method :

1 _____

_____

2 _____

_____

3 _____

_____

4 _____

_____

5 _____

_____

6 _____

Note :

Recipe : _____

Serves : _____ Cooking time : _____

Ingredient : 🍓 🍄 🥦 🥬

(1) _____   (6) _____

(2) _____   (7) _____

(3) _____   (8) _____

(4) _____   (9) _____

(5) _____   (10) _____

Method :

(1) _____

_____

(2) _____

_____

(3) _____

_____

(4) _____

_____

(5) _____

_____

(6) _____

Note :

Recipe : _____

Serves : _____ Cooking time : _____

Ingredient :

1 _____   6 _____

2 _____   7 _____

3 _____   8 _____

4 _____   9 _____

5 _____   10 _____

Method :

1 _____

_____

2 _____

_____

3 _____

_____

4 _____

_____

5 _____

_____

6 _____

Note :

Recipe : _____

Serves : _____ Cooking time : _____

Ingredient :

1 ──────────────── 6 ────────────────

2 ──────────────── 7 ────────────────

3 ──────────────── 8 ────────────────

4 ──────────────── 9 ────────────────

5 ──────────────── 10 ───────────────

Method :

1 ─────────────────────────────────────

──

2 ─────────────────────────────────────

──

3 ─────────────────────────────────────

──

4 ─────────────────────────────────────

──

5 ─────────────────────────────────────

──

6 ─────────────────────────────────────

Note :

Recipe : _____

Serves : _____ Cooking time : _____

Ingredient : 🍓 🍄 🥦 🥬

① ———————————————— ⑥ ————————————————

② ———————————————— ⑦ ————————————————

③ ———————————————— ⑧ ————————————————

④ ———————————————— ⑨ ————————————————

⑤ ———————————————— ⑩ ————————————————

Method :

① ————————————————————————————————

————————————————————————————————————

② ————————————————————————————————

————————————————————————————————————

③ ————————————————————————————————

————————————————————————————————————

④ ————————————————————————————————

————————————————————————————————————

⑤ ————————————————————————————————

————————————————————————————————————

⑥ ————————————————————————————————

Note :

Recipe : _____

Serves : _____ Cooking time : _____

Ingredient :

1 _____   6 _____

2 _____   7 _____

3 _____   8 _____

4 _____   9 _____

5 _____   10 _____

Method :

1 _____
_____

2 _____
_____

3 _____
_____

4 _____
_____

5 _____
_____

6 _____

Note :

Recipe : _____

Serves : _____ Cooking time : _____

Ingredient :

1 ───────────────────────   6 ───────────────────────

2 ───────────────────────   7 ───────────────────────

3 ───────────────────────   8 ───────────────────────

4 ───────────────────────   9 ───────────────────────

5 ───────────────────────   10 ──────────────────────

Method :

1 ───

2 ───

3 ───

4 ───

5 ───

6 ───

Note :

Recipe : ....

Serves : _____   Cooking time : _____

Ingredient :

1 _____   6 _____

2 _____   7 _____

3 _____   8 _____

4 _____   9 _____

5 _____   10 _____

Method :

1 _____

_____

2 _____

_____

3 _____

_____

4 _____

_____

5 _____

_____

6 _____

Note :

Recipe : _____

Serves : _____ Cooking time : _____

Ingredient :

1 ○————————————— 6 ○—————————————

2 ○————————————— 7 ○—————————————

3 ○————————————— 8 ○—————————————

4 ○————————————— 9 ○—————————————

5 ○————————————— 10 ○—————————————

Method :

1 ○————————————————————————————
————————————————————————————————

2 ○————————————————————————————
————————————————————————————————

3 ○————————————————————————————
————————————————————————————————

4 ○————————————————————————————
————————————————————————————————

5 ○————————————————————————————
————————————————————————————————

6 ○————————————————————————————

Note :

Recipe : _____

Serves : _____ Cooking time : _____

Ingredient : 🍓 🍄 🥦 🥬

(1) ————————————	(6) ————————————
(2) ————————————	(7) ————————————
(3) ————————————	(8) ————————————
(4) ————————————	(9) ————————————
(5) ————————————	(10) ———————————

Method :

(1) _____

_____

(2) _____

_____

(3) _____

_____

(4) _____

_____

(5) _____

_____

(6) _____

Note :

Recipe : ....

Serves : _____   Cooking time : _____

Ingredient :

1 _____   6 _____

2 _____   7 _____

3 _____   8 _____

4 _____   9 _____

5 _____   10 _____

Method :

1 _____

_____

2 _____

_____

3 _____

_____

4 _____

_____

5 _____

_____

6 _____

Note :

Recipe : _____

Serves : _____ Cooking time : _____

Ingredient : 🍓 🍄 🥦 🥬

(1) ————————————		(6) ————————————	
(2) ————————————		(7) ————————————	
(3) ————————————		(8) ————————————	
(4) ————————————		(9) ————————————	
(5) ————————————		(10) ————————————	

Method :

(1) _____

_____

(2) _____

_____

(3) _____

_____

(4) _____

_____

(5) _____

_____

(6) _____

Note :

Recipe : ....

Serves : _____ Cooking time : _____

Ingredient :

1 ———————————— 6 ————————————

2 ———————————— 7 ————————————

3 ———————————— 8 ————————————

4 ———————————— 9 ————————————

5 ———————————— 10 ————————————

Method :

1 ————————————————————————

————————————————————————————

2 ————————————————————————

————————————————————————————

3 ————————————————————————

————————————————————————————

4 ————————————————————————

————————————————————————————

5 ————————————————————————

————————————————————————————

6 ————————————————————————

Note :

Recipe : _____

Serves : _____ Cooking time : _____

Ingredient :

① _____   ⑥ _____

② _____   ⑦ _____

③ _____   ⑧ _____

④ _____   ⑨ _____

⑤ _____   ⑩ _____

Method :

① _____

_____

② _____

_____

③ _____

_____

④ _____

_____

⑤ _____

_____

⑥ _____

Note :

Recipe : _____

Serves : _____ Cooking time : _____

Ingredient :

① _____	⑥ _____
② _____	⑦ _____
③ _____	⑧ _____
④ _____	⑨ _____
⑤ _____	⑩ _____

Method :

① _____

_____

② _____

_____

③ _____

_____

④ _____

_____

⑤ _____

_____

⑥ _____

Note :

Recipe : _____

Serves : _____ Cooking time : _____

Ingredient :

① _____	⑥ _____
② _____	⑦ _____
③ _____	⑧ _____
④ _____	⑨ _____
⑤ _____	⑩ _____

Method :

① _____

_____

② _____

_____

③ _____

_____

④ _____

_____

⑤ _____

_____

⑥ _____

Note :

Recipe : ....

Serves : _____ Cooking time : _____

Ingredient : 🍓 🍄 🥦 🥬

① ——————————————— ⑥ ———————————————

② ——————————————— ⑦ ———————————————

③ ——————————————— ⑧ ———————————————

④ ——————————————— ⑨ ———————————————

⑤ ——————————————— ⑩ ———————————————

Method :

① ——————————————————————————————————

——————————————————————————————————————

② ——————————————————————————————————

——————————————————————————————————————

③ ——————————————————————————————————

——————————————————————————————————————

④ ——————————————————————————————————

——————————————————————————————————————

⑤ ——————————————————————————————————

——————————————————————————————————————

⑥ ——————————————————————————————————

Note :

Recipe : ....

Serves : _____ Cooking time : _____

Ingredient :

1 _____   6 _____
2 _____   7 _____
3 _____   8 _____
4 _____   9 _____
5 _____   10 _____

Method :

1 _____

_____

2 _____

_____

3 _____

_____

4 _____

_____

5 _____

_____

6 _____

Note :

Recipe : _____

Serves : _____ Cooking time : _____

Ingredient :

1 _____   6 _____
2 _____   7 _____
3 _____   8 _____
4 _____   9 _____
5 _____   10 _____

Method :

1 _____
_____

2 _____
_____

3 _____
_____

4 _____
_____

5 _____
_____

6 _____

Note :

Recipe : _____

Serves : _____ Cooking time : _____

Ingredient :

① _____		⑥ _____	
② _____		⑦ _____	
③ _____		⑧ _____	
④ _____		⑨ _____	
⑤ _____		⑩ _____	

Method :

① _____
_____

② _____
_____

③ _____
_____

④ _____
_____

⑤ _____
_____

⑥ _____

Note :

Recipe : _____

Serves : _____ Cooking time : _____

Ingredient : 🍓 🍄 🥦 🥬

1 ————————————————— 6 —————————————————
2 ————————————————— 7 —————————————————
3 ————————————————— 8 —————————————————
4 ————————————————— 9 —————————————————
5 ————————————————— 10 ————————————————

Method :

1 ————————————————————————————————————

2 ————————————————————————————————————

3 ————————————————————————————————————

4 ————————————————————————————————————

5 ————————————————————————————————————

6 ————————————————————————————————————

Note :

Recipe : _____

Serves : _____ Cooking time : _____

Ingredient :

1 _____ 6 _____

2 _____ 7 _____

3 _____ 8 _____

4 _____ 9 _____

5 _____ 10 _____

Method :

1 _____

_____

2 _____

_____

3 _____

_____

4 _____

_____

5 _____

_____

6 _____

Note :

Recipe : ....

Serves : _____ Cooking time : _____

Ingredient :

① _____ ⑥ _____
② _____ ⑦ _____
③ _____ ⑧ _____
④ _____ ⑨ _____
⑤ _____ ⑩ _____

Method :

① _____

_____

② _____

_____

③ _____

_____

④ _____

_____

⑤ _____

_____

⑥ _____

Note :

Recipe : ....

Serves : .... Cooking time : ....

Ingredient : 🍓 🍄 🥦 🥬

① ——————————————		⑥ ——————————————	
② ——————————————		⑦ ——————————————	
③ ——————————————		⑧ ——————————————	
④ ——————————————		⑨ ——————————————	
⑤ ——————————————		⑩ ——————————————	

Method :

① ————————————————————————————————

————————————————————————————————————

② ————————————————————————————————

————————————————————————————————————

③ ————————————————————————————————

————————————————————————————————————

④ ————————————————————————————————

————————————————————————————————————

⑤ ————————————————————————————————

————————————————————————————————————

⑥ ————————————————————————————————

Note :

Recipe : _____

Serves : _____ Cooking time : _____

Ingredient :

1 _____   6 _____

2 _____   7 _____

3 _____   8 _____

4 _____   9 _____

5 _____   10 _____

Method :

1 _____

_____

2 _____

_____

3 _____

_____

4 _____

_____

5 _____

_____

6 _____

Note :

_____

_____

_____

_____

_____

_____

_____

Printed in Great Britain
by Amazon

17285315R00059